Jumalan Lapsena

PERTTI PIETARINEN

Copyright © 2018 Pertti Pietarinen
All rights reserved.

No part of this publication may be reproduced, stored in a retrieval system or transmitted, in any form or by any means, digital, mechanical, photo-copying, recording or otherwise, without the prior consent of the copyright owner.
For permission requests, write to perttipietarinen@hotmail.com.

Kustantaja: Papan Publishing, 2018

ISBN-13: 978-952-7304-02-0

OMISTETTU

Maailman kaikille lapsille

Muita kirjoja Pertti Pietariselta:
Suomeksi:

Kissa Kiiskinen sankarina ja muita satuja: ISBN 978-9522303141, 2014; http://www.adlibris.com/fi/kirja/kissa-kiiskinen-sankarina-ja-muita-satuja-9789522303141

Lucy-kissa, Lucy The Cat: ISBN 978-1497535633, 2014
http://www.amazon.com/dp/B00JPSSY2E

Lucy-kissa ja pikkuveli: ISBN 978-1502764096, 2014
http://www.amazon.com/dp/B00OHDBYW4

Lucy-kissa leiki kanssani: ISBN 978-1507563403, 2015
http://www.amazon.com/dp/B00STZ3CRQ

Lucy-Kissa ja pikku sisarukset: ISBN 978-9523189782, 2015
http://www.amazon.com/dp/B015SRKNDS

Lucy-Kissan joulu: ISBN 978-9523189942, 2015 ISBN 978-1502399366, 2015
http://www.amazon.com/dp/B017DCXLKI

Lucy-Kissan Hurmaava Sushihetki: ISBN 978-9523309142, 2016
http://www.amazon.com/dp/9523309145

Tapahtukoon tahtosi, ISBN: 978-9522365040, 2017
http://www.adlibris.com/fi/kirja/tapahtukoon-tahtosi-9789522365040

Jumalan Lapsena: ISBN 978-9527304020, 2018

Jumalan Valtakunta: ISBN 978-9527304068, 2018

In English:

Lucy The Cat: ISBN 978-1494444136, 2014
http://www.amazon.com/dp/B00IARLDCY

God's Children: ISBN 978-9527304006, 2018

Kingdom Of God: ISBN: ISBN 978-9527304044, 2018

Lucy The Cat: Little Brother: ISBN 978-1500770396, 2014
http://www.amazon.com/dp/B00MQI99N8

Lucy The Cat Play With Me: ISBN 978-1505607000, 2015
http://www.amazon.com/dp/B00STTT01Y

Lucy The Cat And Little Kittens: ISBN 978-1515385288, 2015
http://www.amazon.com/dp/B014FPTOM0

Lucy The Cat Christmas: ISBN 978-1517153700, 2015
http://www.amazon.com//dp/B0178BBRCS

Lucy The Cat Sushi Time: ISBN 978-1532867163, 2016
http://www.amazon.com/dp/B01FG17V4K

Lucy The Cat Beauty And The Feast: ISBN 978- 1539533993, 2017
http://www.amazon.com/dp/1539533999

Lucy The Cat in Tokyo: ISBN 978-1974145355, 2017
http://www.amazon.com/dp/1547269308

Lucy The Cat in Tokyo 2: ISBN 978-1977655752, 2018
http://www.amazon.com/dp/1977655750

Lisätietoja:
http://www.pietarinen.org
https://www.facebook.com/lucythecat
https://www.facebook.com/GodsChildrenBook
https://www.facebook.com/KissaKiiskinen

Jumalan Lapsena

Rakas ystäväni, rakkaus ympäröi sinua
Varmasti äitisi ja isäsi rakastavat sinua. Olet heille niin rakas.

Ja Taivaallinen Isämme rakastaa sinua. Jumala on rakkaus.

Jumala rakastaa sinua, koska Hän on luonut sinut ja jokaisen ihmisen omaksi kuvakseen. Eikö se olekin suurenmoinen asia?

Jumala on luonut kaiken tässä maailmassa, kaiken.
Hän loi koko maailmankaikkeudenkin kauan, kauan sitten.

Kun Jumala loi ihmiset, Hän antoi heille kaikkein parhaimman paikan asuinsijaksi, Paratiisin. Se oli niin valtavan hieno paikka, että sanat eivät riitä sitä kuvailemaan. Edes mielikuvituksemme ei riitä sitä ymmärtämään.

Paratiisi oli täynnä kilttejä ja ystävällisiä eläimiä ja mitä kauneimpia kukkasia ja makeimpia hedelmiä. Sulje nyt silmäsi ja yritä kuvitella maailman upeimpia kukkatarhoja.

Mutta maailman ensimmäiset ihmiset Aatami ja Eeva rikkoivat Jumalan tahtoa vastaan ja olivat tottelemattomia. Siksi heidän täytyi lähteä Paratiisista. Sen jälkeen me ihmiset emme ole enää löytäneet takaisin Paratiisiin.

Kuitenkin Jumala on antanut meille rakkaudessaan kauniita kukkasia ihailtavaksemme. Niinpä me saamme vieläkin uneksia Paratiisista. Pidätkö sinä kukista? Minä ainakin pidän.

Jumalan Lapsena

Jumala rakastaa meitä ihmisiä enemmän kuin ketään muuta.
Hän rakastaa meitä niin paljon, että Hän antoi ainokaisen poikansa,
Jeesuksen Kristuksen meidän pelastukseksemme niin, ettei kukaan, joka
uskoo Jeesukseen joutuisi kadotukseen, vaan hän saisi iankaikkisen elämän.

Eikö se olekin ihanaa?
Jeesus on sinun ja minun, meidän kaikkien paras ja rakastavin ystävä.
Hän on meidän Vapahtajamme, Pelastajamme.

Jeesus on todellakin sinun ystäväsi. Hän rakastaa jokaista lasta.

Kerran Jeesus sanoi seuraajilleen:
"Sallikaa lasten tulla minun luokseni älkääkö estäkö heitä, sillä taivasten valtakunta on lasten kaltainen. Totisesti minä sanon teille, joka ei ota vastaan Jumalan valtakuntaa niin kuin lapsi, se ei pääse sinne sisälle."

Jeesus rakastaa jokaista lasta ja sanoo meille aikuisille:
"Katsokaa, ettette halveksi yhtäkään näistä vähäisistä. Sillä minä sanon teille: heidän enkelinsä saavat taivaissa joka hetki katsella minun Taivaallisen Isäni kasvoja."

Koska Jumala rakastaa lapsia, Hän on asettanut jokaiselle oman suojelusenkelin suojelemaan vaaroilta ja kaikenlaiselta pahalta.

Jumalan Lapsena

Voit olla turvassa, sillä sinun oma suojelusenkelisi kulkee vierelläsi. Enkelisi on niin puhtaan valkoinen ja kaunis. Oletko koskaan nähnyt häntä?

Kun olet nukkumassa yöllä, suojelusenkelisi on silloinkin vierelläsi.

Jumala rakastaa sinua ja sinunkin pitäisi rakastaa Häntä.

Jeesus sanoi:
"Rakasta Herraa, sinun Jumalaasi, kaikesta sydämestäsi ja kaikesta sielustasi ja kaikesta mielestäsi ja rakasta lähimmäistäsi niin kuin itseäsi.

Jumala pitää sinusta huolta joka päivä ja kaikkialla. Hän pitää huolta sinusta silloinkin, kun olet surullinen. Voit rukoilla Jumalaa ja Hän lohduttaa sinua.

Jumala on meidän voimamme ja pakopaikkamme. Hän auttaa kaikissa vaikeuksissamme. Hän lohduttaa ja antaa meille ilon.

Jumalalle on kaikki mahdollista eikä mikään ole mahdotonta.
Hän on kaikkivaltias Taivaallinen Isämme.

Jeesus sanoo meille: "Pysykää minussa ja minä pysyn teissä."

Tämä on se päivä, jonka Herra on tehnyt.
Riemuitkaamme ja iloitkaamme siitä!

Me ihmiset katsomme toisen ihmisen ulkokuorta,
mutta Jumala katsoo sydämeen.

Jumalan rauha, joka on kaikkea ymmärrystä ylempi,
on varjeleva teidän sydämenne ja ajatuksenne Kristuksessa Jeesuksessa.

Iloitkaa!
Iloitkaa siitä, että teidän nimenne ovat kirjoitettuina taivaissa!

Kiitos Herra Jumala siitä, että rakastat minua ja turvaat tieni.

Kiitos, Herra, tästä ihanasta maailmasta!

Rakas Jeesus, auta ja opeta minua pitämään hyvää huolta tästä maailmasta.

Kiitos, Herra, kaikesta!

Jeesus ole turvani,
pysy aina luonani!
Kiitos varjeluksestasi,
sekä rakkaudestasi!

Jumalan Lapsena

www.ingramcontent.com/pod-product-compliance
Lightning Source LLC
Chambersburg PA
CBHW061352010526
44107CB00011B/915